JN423452

아하! 바이블 큐브

시즌 3

시즌 3

아하! 바이블 큐브

절기 부활주일 아직 끝나지 않은 이야기 3

환경선교주일 하나님이 만드신 대로 7

단원 1 나를 도와주는 짝꿍

1과 지혜로운 짝꿍 9
2과 용감한 짝꿍 11
3과 믿음의 짝꿍 15
4과 축복의 짝꿍 17

단원 2 예수님의 기적

1과 예수님을 만나면
2과 예수님만 믿으면 21
3과 예수님께 나아가면 23
4과 나를 만나러 오시는 예수님 27

단원 3 예루살렘의 사람들

1과 나의 마음을 다해서! 31
2과 빵빵! 내 마음의 운전사 33
3과 겁쟁이 베드로 37
4과 예수님의 사랑을 기억해요 39

단원 4 나를 상징하는 물건

1과 십자가가 왜 이렇게 많아요? 43
2과 돌돌돌 나를 펼쳐 보세요!
3과 힘의 비밀은, 머리카락? 45
4과 낙타털 옷을 입은 사람 47

단원 5 나의 동물 짝꿍

1과 희망 배달부 49
2과 까마귀의 심부름 53
3과 하나님을 만나는 특별한 곳 55
4과 무섭지 않아요 59

단원 6 너의 이름은

1과 하나님의 약속을 믿었더니! 65
2과 하나님을 만났더니! 71
3과 예수님께 대답했더니! 73
4과 예수님께 고백했더니! 77

♥ 2단원 1과와 4단원 2과는 어린이용 교재 없이 진행됩니다. 교사용을 참고하여 진행하세요.

아직 끝나지 않은 이야기

활동2 부활하신 예수님

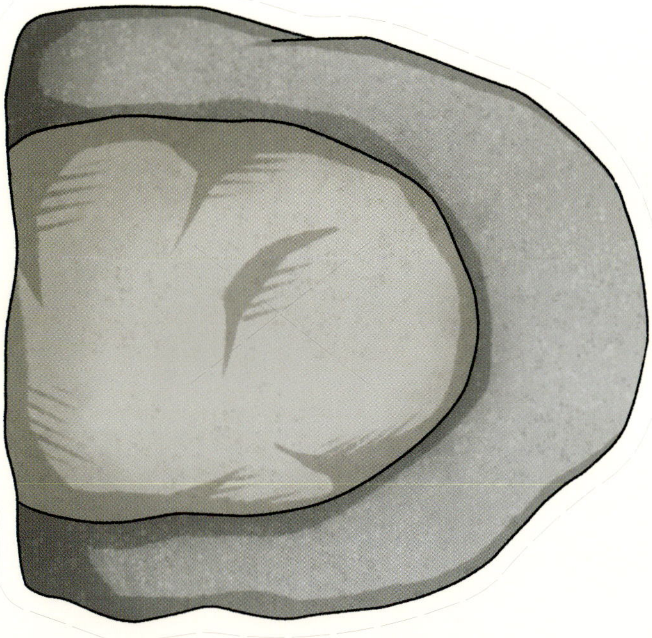

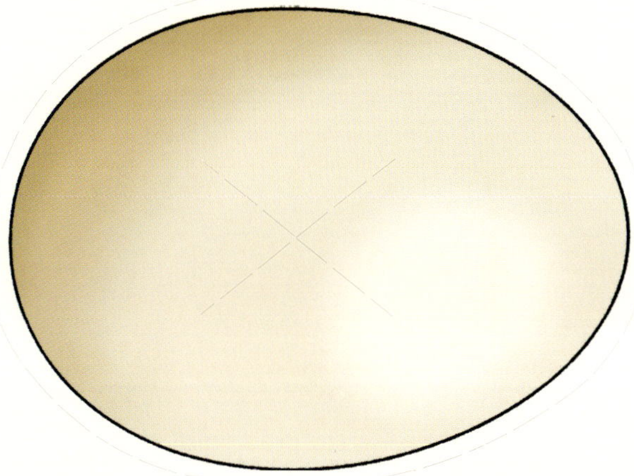

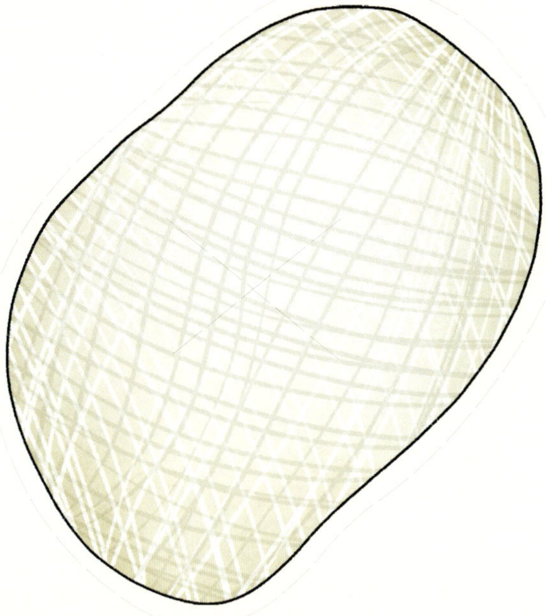

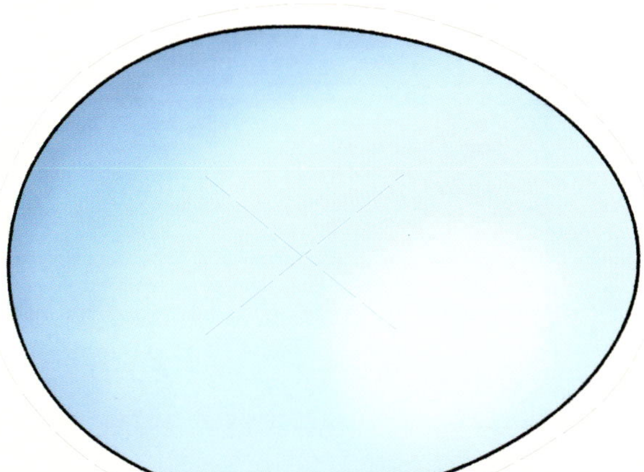

풀칠
풀칠
풀칠
풀칠
풀칠
풀칠

하나님이 만드신 대로

활동 2 약속해요!

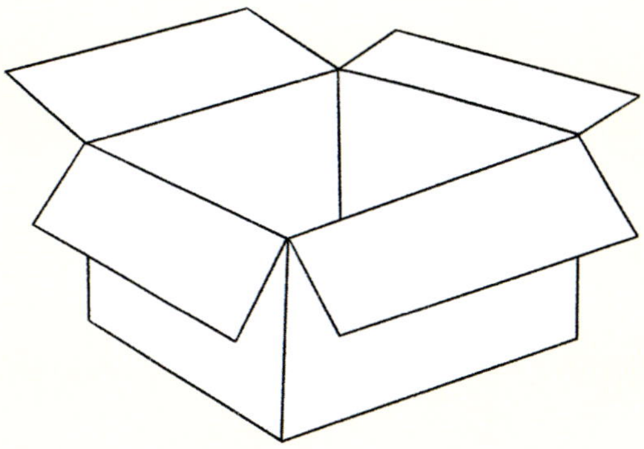

상자

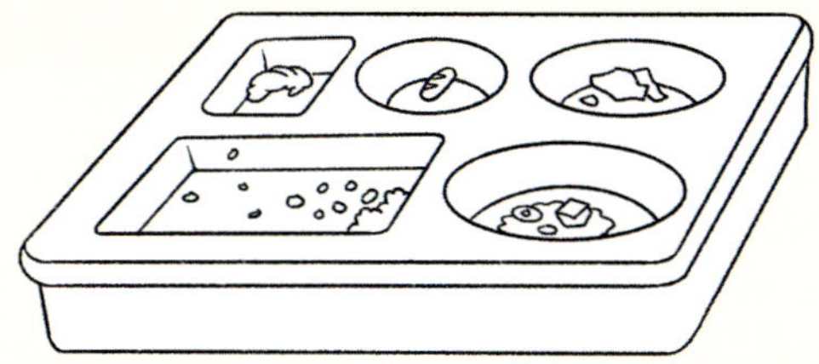

음식

분리수거

휴지

물컵

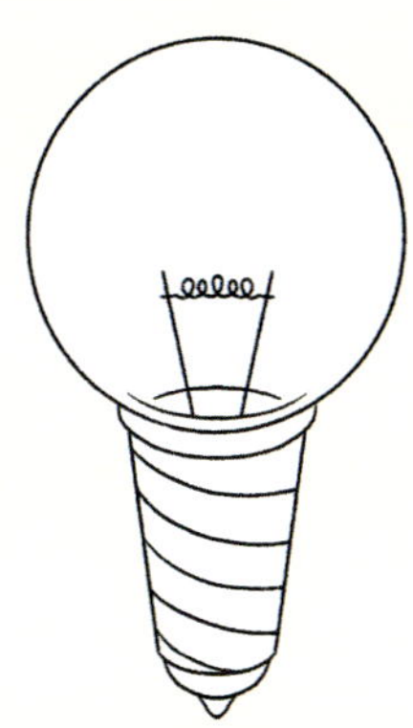

전등

하나님이 만드신 세상을 위해
약속해요

음식

음식을 남기지
않아요

하나님이 만드신 세상을 위해
약속해요

상자

상자에 붙어 있는
스티커나 박스테이프를
깨끗하게 떼서 버려요

하나님이 만드신 세상을 위해
약속해요

휴지

휴지, 물티슈를
아껴 써요

하나님이 만드신 세상을 위해
약속해요

분리수거

플라스틱, 캔, 종이 등을
따로 버려요

하나님이 만드신 세상을 위해
약속해요

전등

쓰지 않는 곳의
전등을 꺼요

하나님이 만드신 세상을 위해
약속해요

물컵

양치할 때 물컵을 써서
물을 필요한 만큼만 사용해요

1단원

1 지혜로운 짝꿍

활동1 짝꿍을 찾아라

용감한 짝꿍

활동1 예루살렘 성으로!

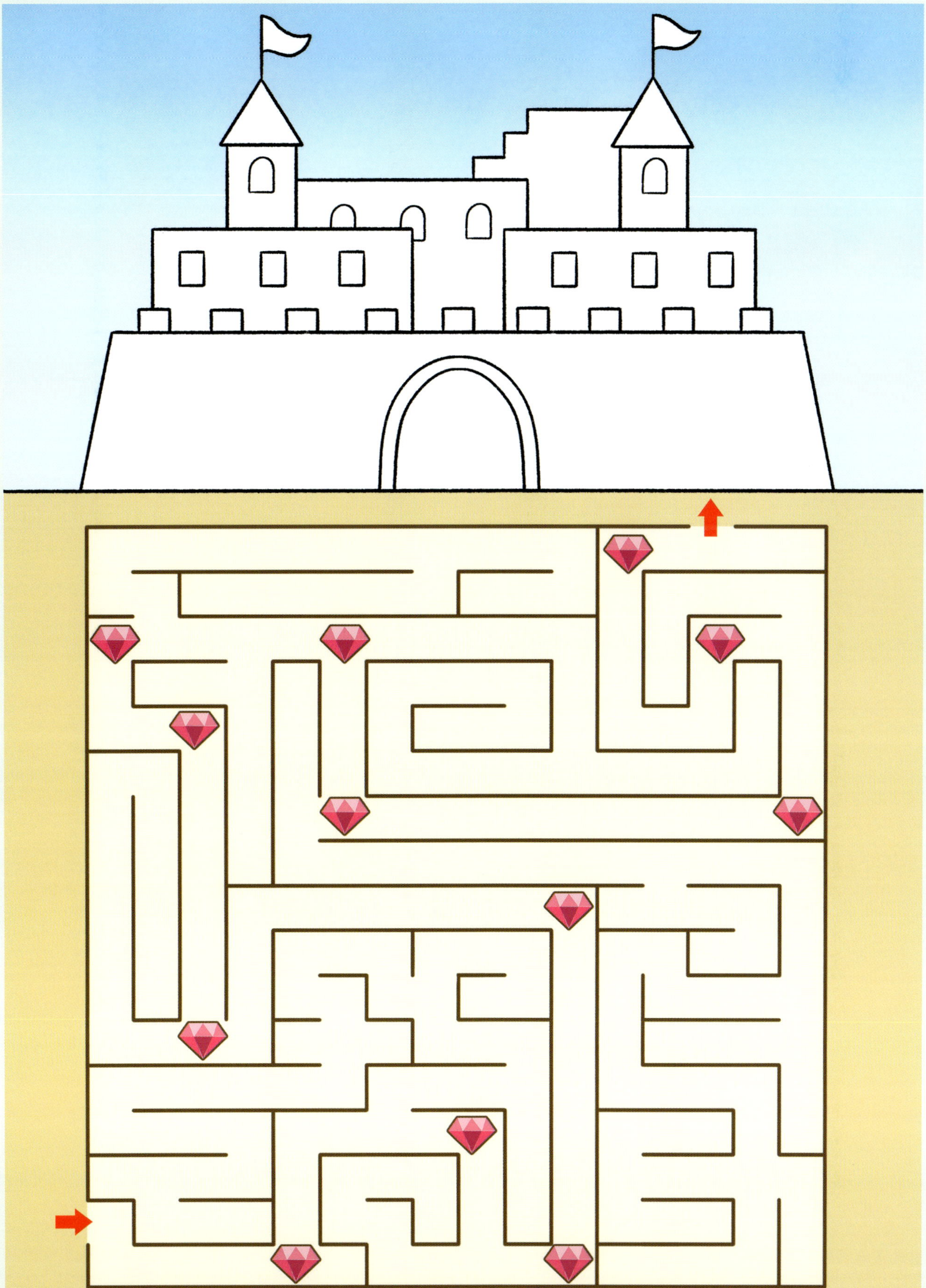

풀칠
풀칠
풀칠
빨대 붙이는 곳
풀칠

활동1 하나 되어 빙글빙글!

4 축복의 짝꿍

활동1 똑! 똑! 축복의 문

—·—·— 산접기

------- 계곡접기

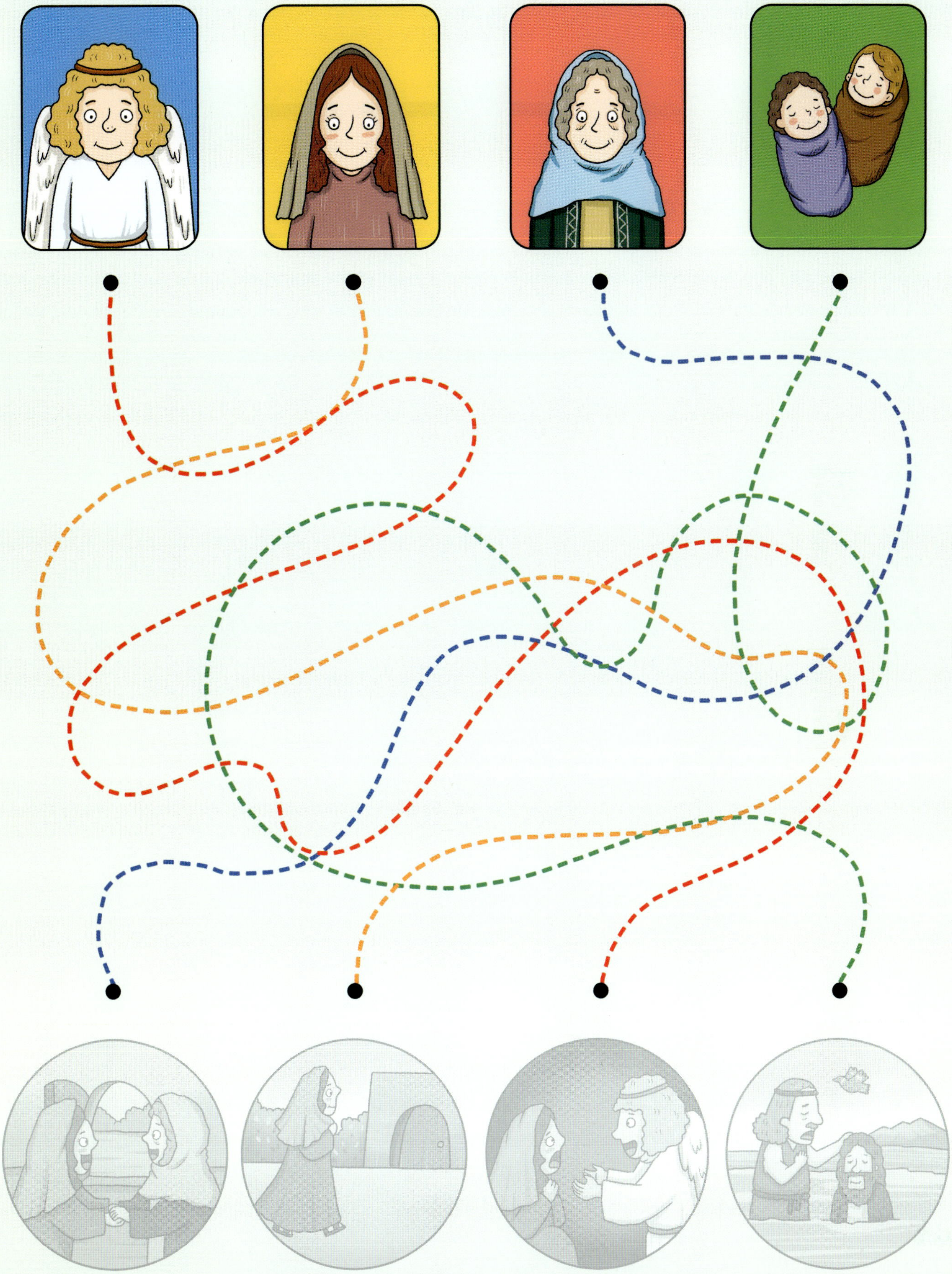

2단원 2

예수님만 믿으면

활동1 야이로의 표정

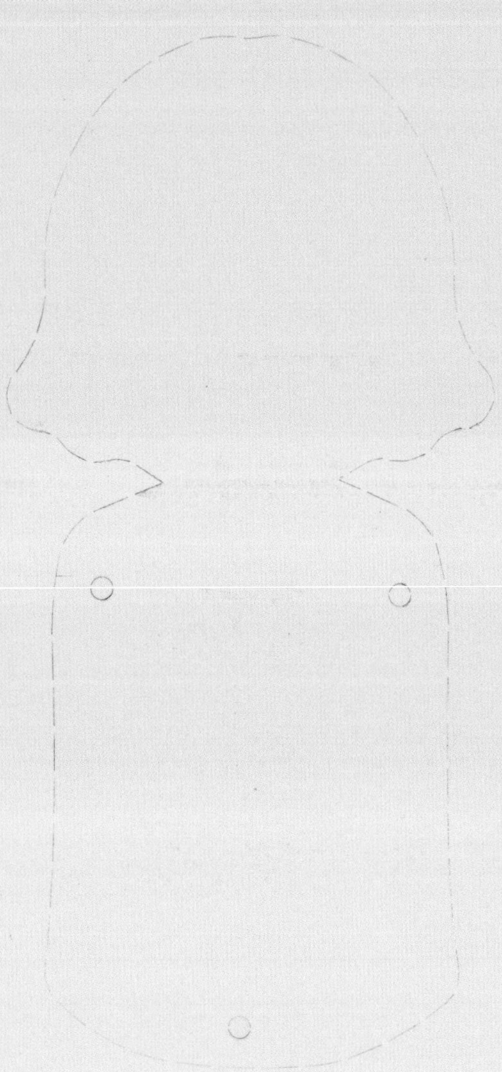

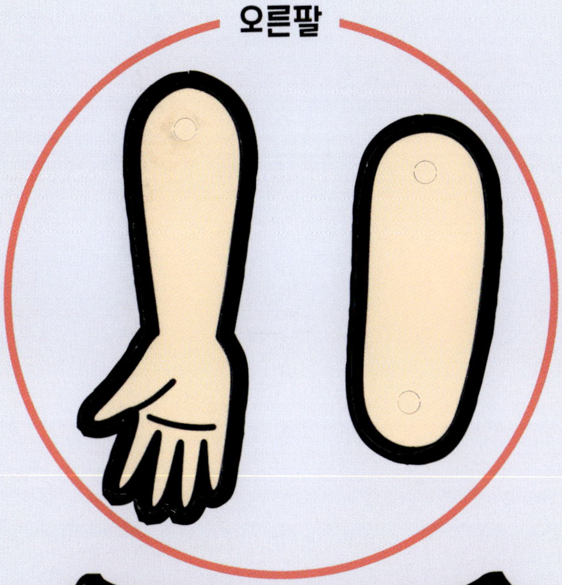
오른팔

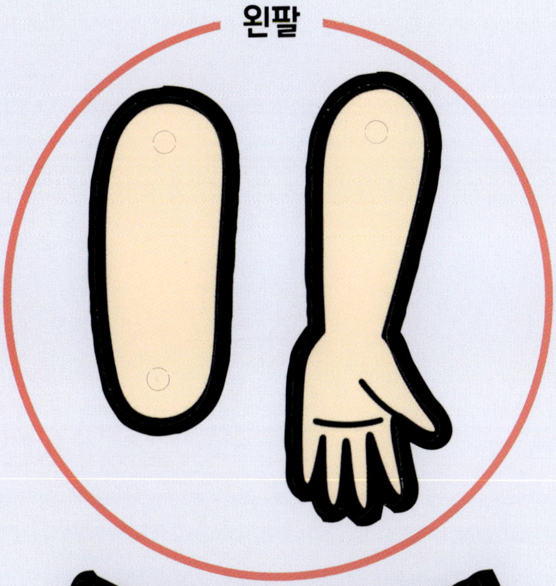
왼팔

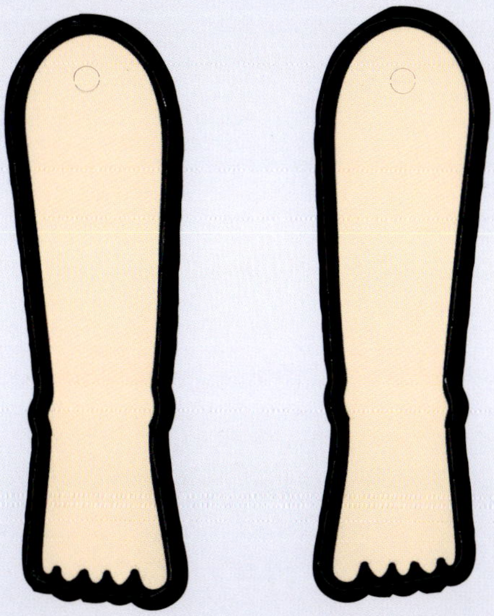

활동 1 물고기 초대장

우리 함께 예배하자!

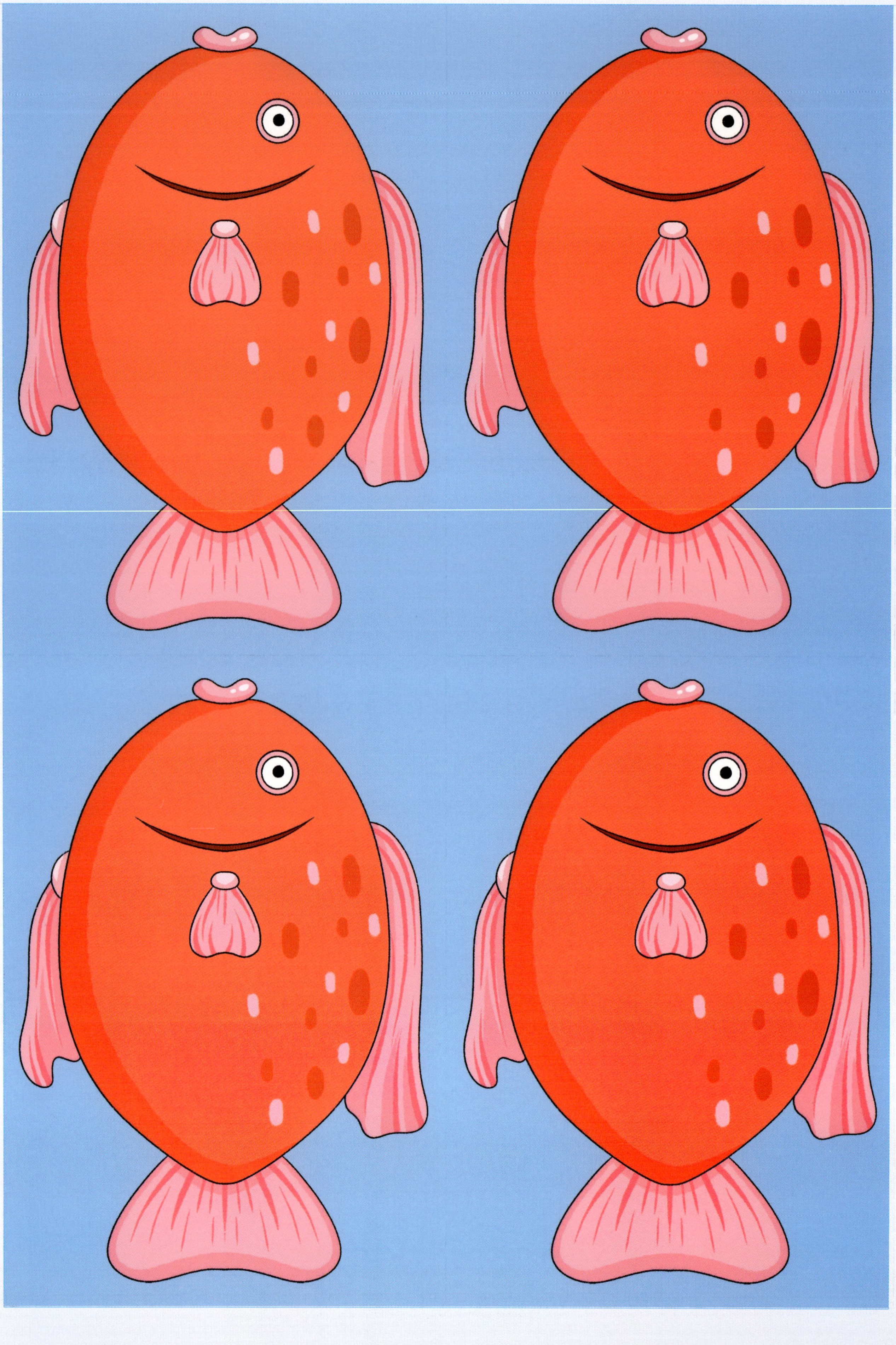

풀 칠
풀 칠

사랑

예수

십자가가 왜 이렇게 많아요?

십자가에 담긴 마음 ♥

낙타털 옷을 입은 사람

활동 2 세례 요한의 모든 것

희망 배달부

활동1 희망을 전하는 비둘기

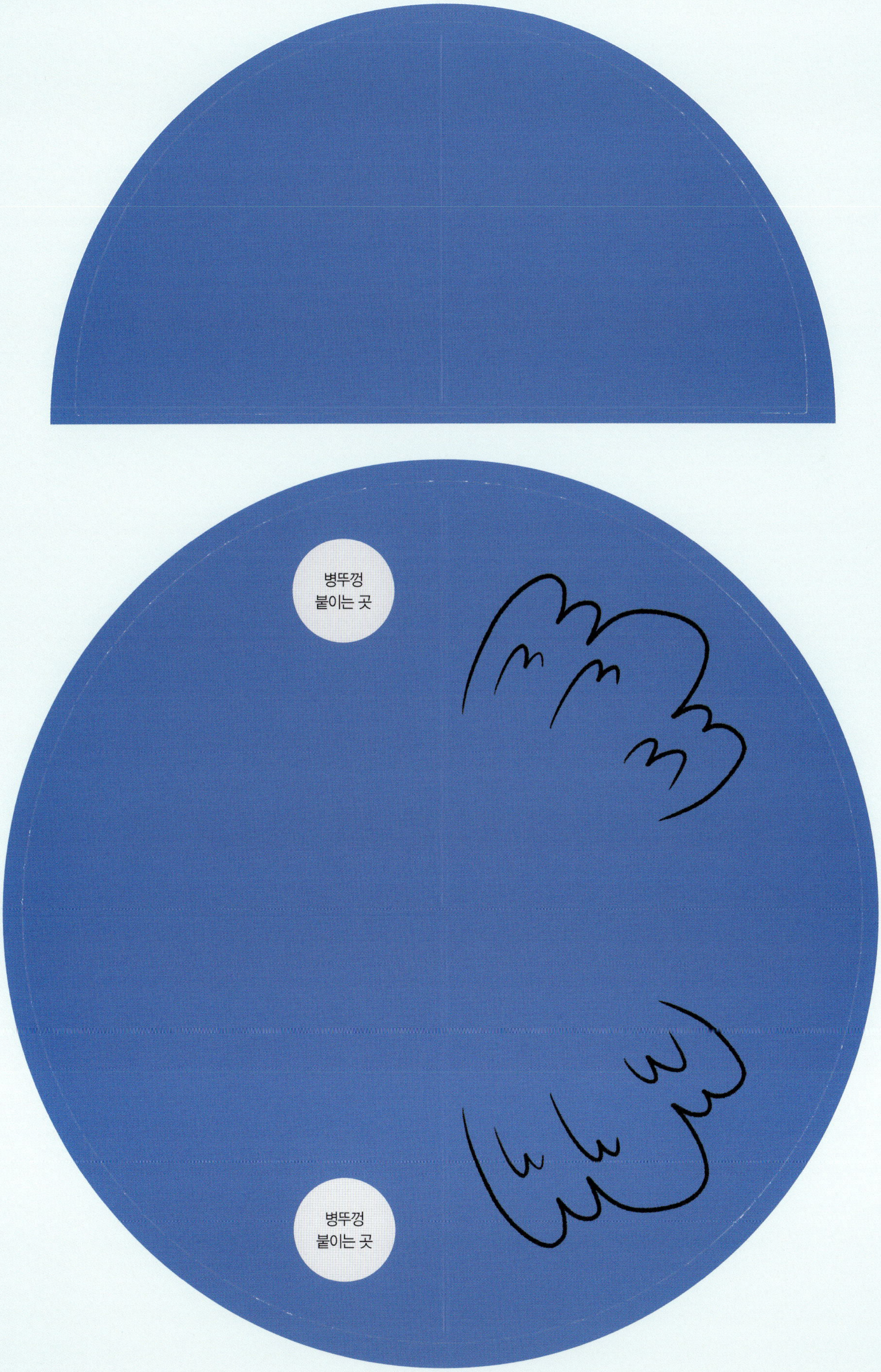

풀칠

풀칠

활동1 까마귀 종이접기

하나님을 만나는 특별한 곳

활동 2 따라가면 달라져요

〈게임판〉

〈그림카드〉

자기 생각대로 행동하던 요나가
이제 하나님의 뜻을 생각해요.

귀마개를 한 듯 잘 듣지 않았던 요나가
하나님께 귀를 쫑긋해요.

물고기 배 속에서
요나는 기도하다가
하나님의 말씀을 기억했어요.

하나님 말씀과 반대 방향으로
배를 타고 떠난 요나가
하나님이 말씀하신 곳으로 떠났어요.

하나님이 보내신 큰 태풍이
요나가 바다에 빠지자 잠잠해지고
날씨가 맑아졌어요.

4 무섭지 않아요

활동1 언제나 하나님을 기억해요

6단원 1

하나님의 약속을 믿었더니!

활동 1 아브람에서 아브라함까지

풀칠

풀칠

출발

아 브

라 함

도착

풀칠

풀칠

풀칠

풀칠

하나님을 만났더니!

활동1 베드로 키링 만들기

하나님의 아들

활동1 나도 고백할래요

환경선교주일 • 7쪽

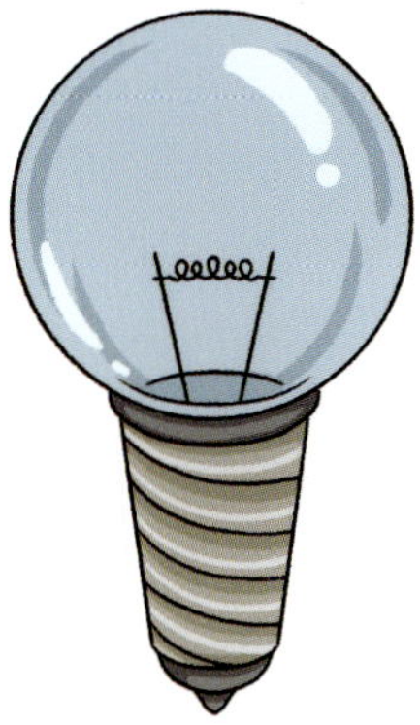

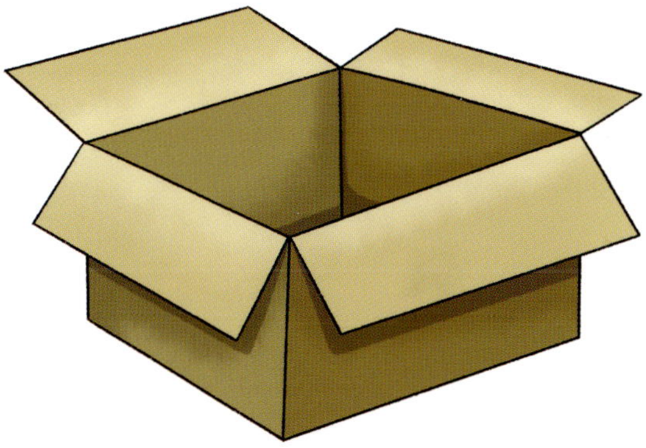

1단원 1과 활동1 • 9쪽

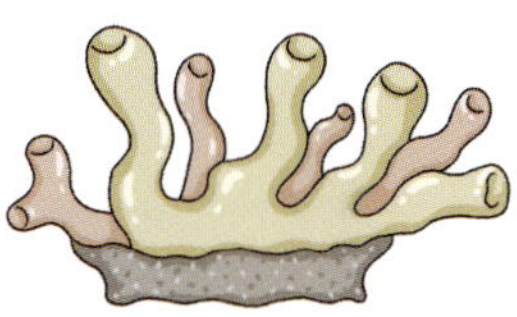

1단원 2과 활동1 • 11쪽

1단원 4과 활동2 • 19쪽

2단원 2과 활동1 • 21쪽

3단원 2과 활동1 • 33쪽

활동2 • 35쪽

5단원 1과 활동1 • 49쪽

활동2 • 51쪽

5단원 2과 활동1 • 53쪽

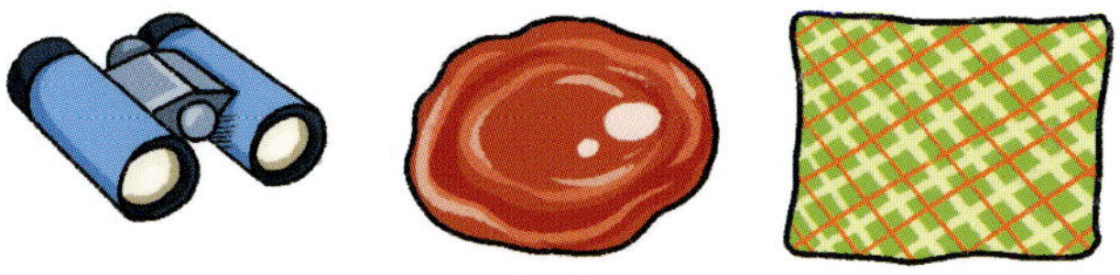

활동2

5단원 3과 활동1

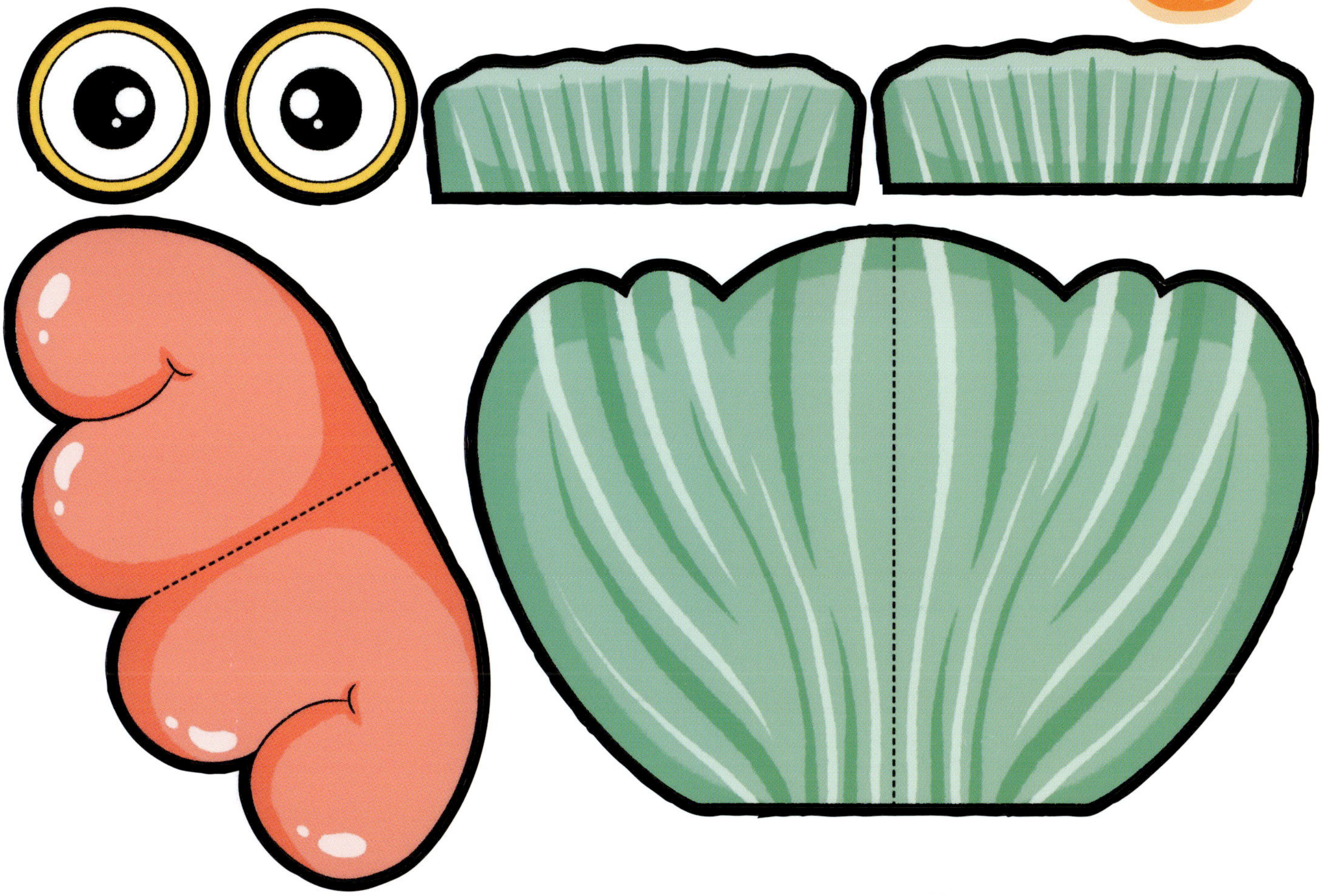

5단원 4과 활동2 • 63쪽

보 호 하 시
는 하 나 님

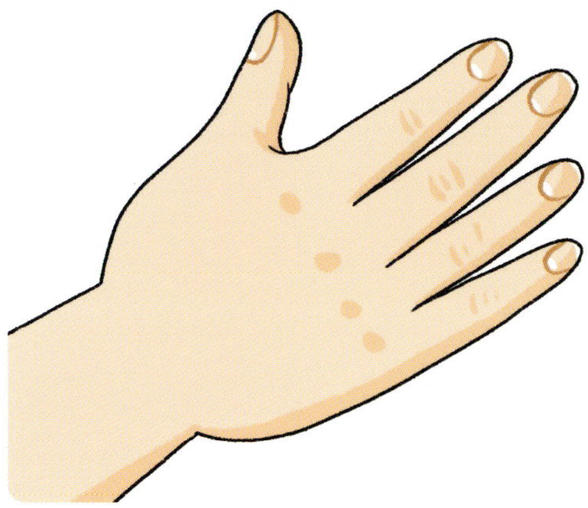

6단원 4과 활동1 • 77쪽

그리스도

메시아

기름 부음
받은 자